Niño, Jairo Aníbal, 1941-
    La señora Contraria / Jairo Aníbal Niño; ilustraciones Henry González.
-- Edición Mireya Fonseca.-- Bogotá : Panamericana Editorial, 2003.
    32 p. : il.; 22cm. -- (Sueños de papel)
    ISBN 958-30-1116-9
1.Cuentos infantiles colombianos 2. Locura - Cuentos I. González,
Henry, il. II. Fonseca, Mireya, ed. III. Serie
I863.6 cd 19 ed.
AHP4640

                    CEP-Biblioteca Luis-Ángel Arango

Ex libris

La señora Contraria

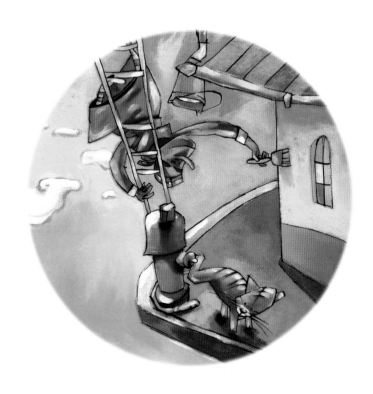

Editor
Panamericana Editorial Ltda.

Edición
Mireya Fonseca

Diagramación y diseño de portada
Diego Martínez Celis

Ilustraciones
Henry González

Primera edición, Editorial Colina, 1999
Primera edición, Panamericana Editorial Ltda., abril de 2003

© Jairo Aníbal Niño
© Panamericana Editorial Ltda.
Calle 12 No. 34-20
Tels.: 3603077 - 2770100
Fax: (57 1) 2373805
E-mail: panaedit@panamericanaeditorial.com
www.panamericanaeditorial.com
Bogotá, D.C., Colombia

ISBN de este volumen: 958-30-1116-9
ISBN de la colección: 958-30-1112-6

Impreso por Panamericana Formas e Impresos S. A.
Calle 65 No. 95-28. Tels.: 4302110 — 4300355. Fax: (57 1) 2763008
Quien sólo actúa como impresor.

Impreso en Colombia   Printed in Colombia

La señora Contraria

Jairo Aníbal Niño

Ilustraciones

Henry González

SUEÑOS
DE PAPEL

PANAMERICANA
EDITORIAL

Colorín colorado, una señora
que se llamaba Contraria.

9

Su casa tenía el techo
de color negro y un zócalo rojo.

Su perro había levantado
un nido en lo alto de uno
de los árboles del patio

y el canario se ocupaba
de cuidar la propiedad.

Con frecuencia lucía
un gran zapato en la cabeza
y calzaba un par de sombreros adornados
con flores de terciopelo.

La señora Contraria cenaba
muy temprano en la mañana
y desayunaba muy tarde
en la noche.

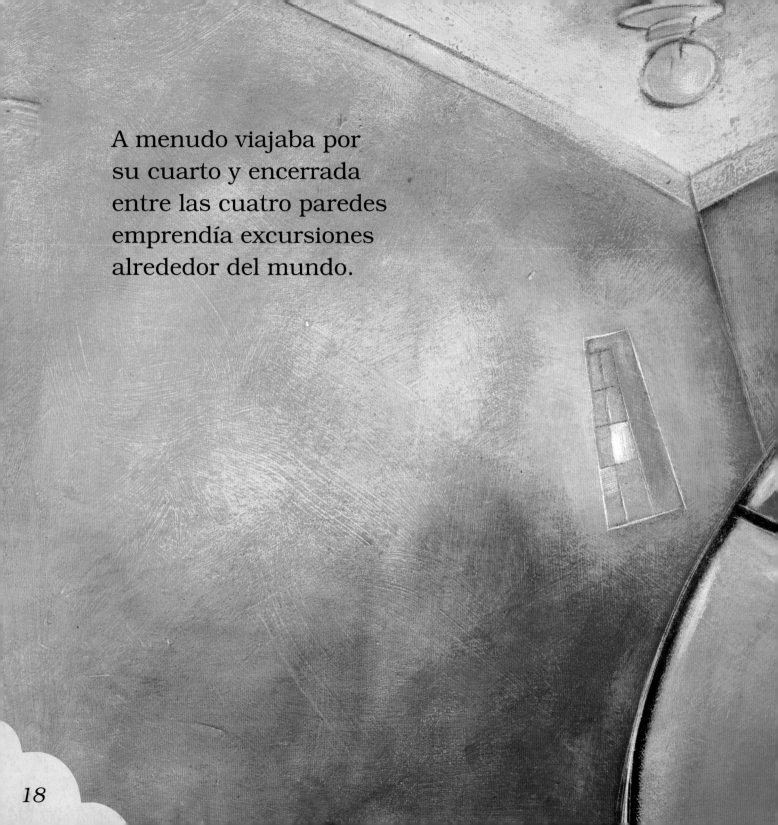

A menudo viajaba por
su cuarto y encerrada
entre las cuatro paredes
emprendía excursiones
alrededor del mundo.

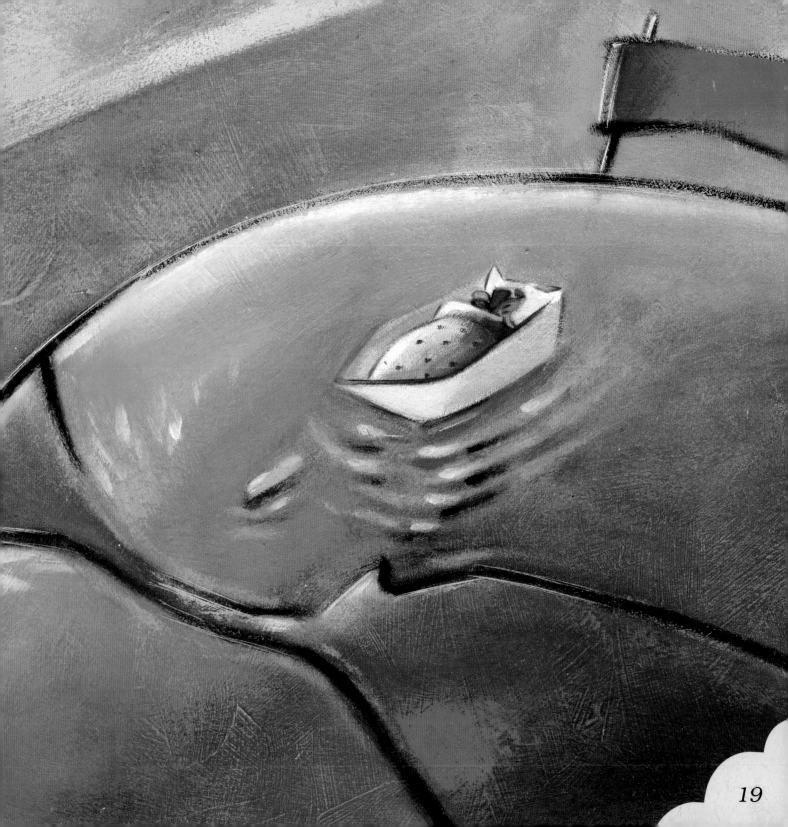

19

La señora Contraria
 hablaba para adentro
y pensaba para afuera.

Usaba un reloj
que caminaba para atrás
y celebraba la fiesta
de Año Nuevo todas las noches,
de todas las semanas,
de todos los meses,
de todos los años.

Los domingos en la noche,
salía a pasear provista de
una enorme sombrilla
para protegerse
de los rayos de la luna.

Y cuando en medio de
su paseo nocturno
se encontraba con un amigo,
no le decía buenas noches
sino noches buenas.

Pasó el tiempo y pasó
el tiempo y al final
la señora Contraria
no se murió de viejita
sino de niñita.

La señora
se llamaba Contraria
y érase que se era.